Jacky GIRARDET
C.I.E.P. de Sèvres

Joëlle SCHELLE-MERVELAY

il était...

une petite grenouille

1

écriture

illustrations : Doris LAUER
conception graphique : Pascale MAC AVOY

Clé International
27, rue de la Glacière, 75013 Paris

© Clé International, 1986

Ce cahier d'écriture fait partie de l'ensemble pédagogique pour l'enseignement du français aux enfants de 5 à 8 ans : Il était... UNE PETITE GRENOUILLE.

Il suit la progression du manuel de lecture, qui s'articule à son tour sur les autres éléments de l'ensemble pédagogique (livre de contes, cassettes, cahier d'activités).
Manuel de lecture et cahier d'écriture peuvent toutefois être utilisés pour un apprentissage de l'écrit, indépendamment des autres éléments.
Chaque double page de ce cahier correspond à une double page du manuel de lecture.
La numérotation (A1, A2, etc...) permet un repérage rapide des correspondances.

On trouvera dans ce cahier :

- des exercices de lecture : *discrimination auditive et visuelle, repérage, contrôle de la compréhension, jeux de lecture, etc...*
- des activités d'écriture : *apprentissage du graphisme des lettres et des mots, construction de phrases, exercices d'orthographe, expression écrite etc...*

Pour l'entraînement au graphisme, des réglures ont été prévues : les deux premières sont destinées à l'écriture des minuscules; les deux autres, à celle des majuscules.

Ces activités de graphisme, de compréhension et d'expression écrites se poursuivront dans le deuxième ensemble de Il était... UNE PETITE GRENOUILLE.

1. Dessine-toi.

2. Dessine.

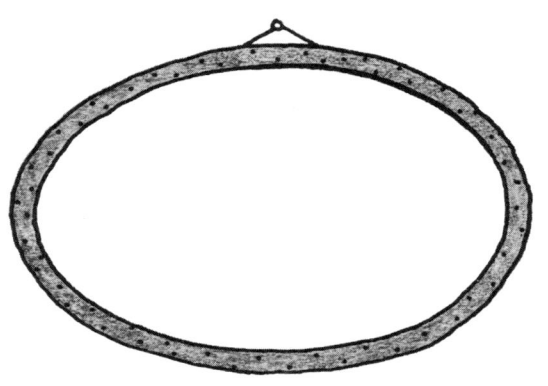

Alice   le crocodile   Olivier

3. Relie.

c'est Alice et Olivier

c'est Alice et le crocodile

c'est Tourloublanc et Olivier

4 (A.1)

4. Dessine les dents du crocodile et colorie.

5. Continue.

6. Le livre s'est déchiré. Relie les morceaux.

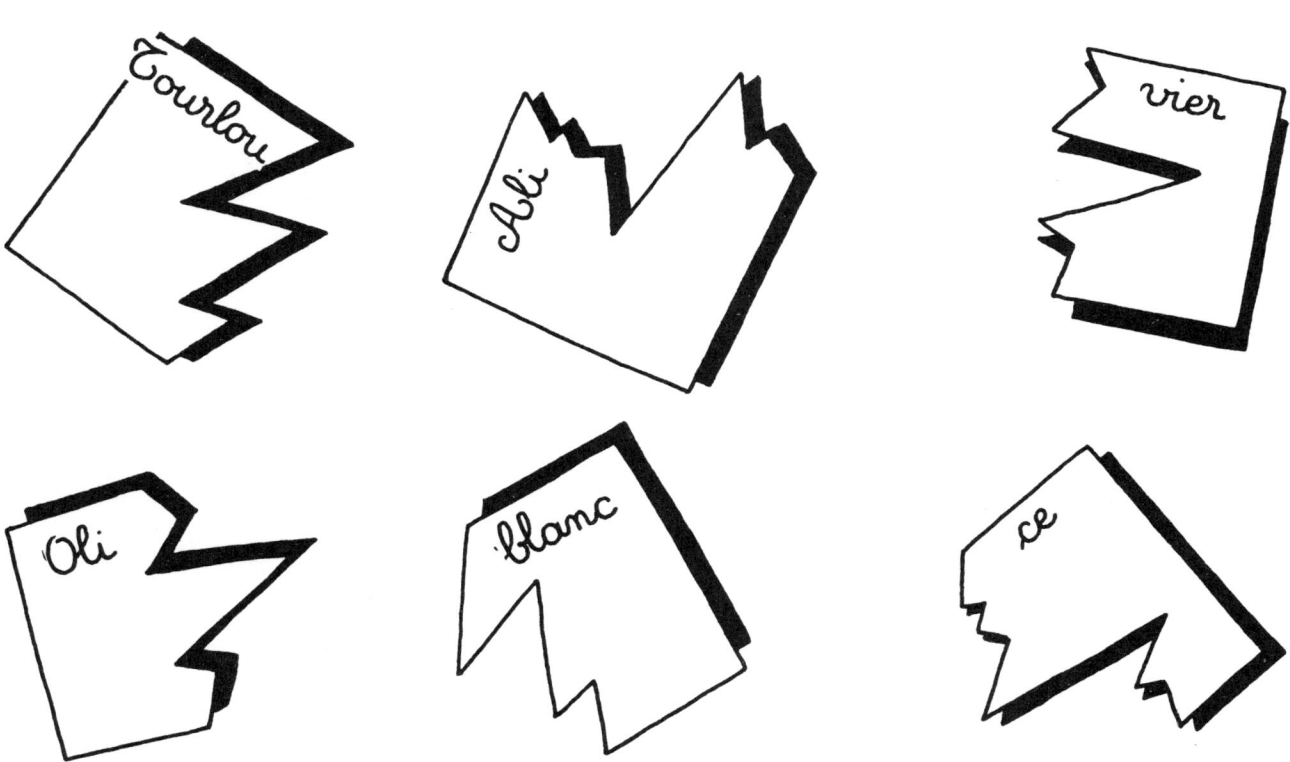

1. Colorie les bonnes étiquettes pour trouver le mot.

un crocodile

| clo | cro | co | cu | bi | di | la | le |

Tourloublanc

| Four | lourd | Tour | Fou | rou | lou | blanc | banc |

2. Lis et réponds.

C'est le vent ?   C'est Olivier ?   C'est Alice ?

C'est Tourloublanc ?   C'est le crocodile ?   C'est Alice et Olivier ?

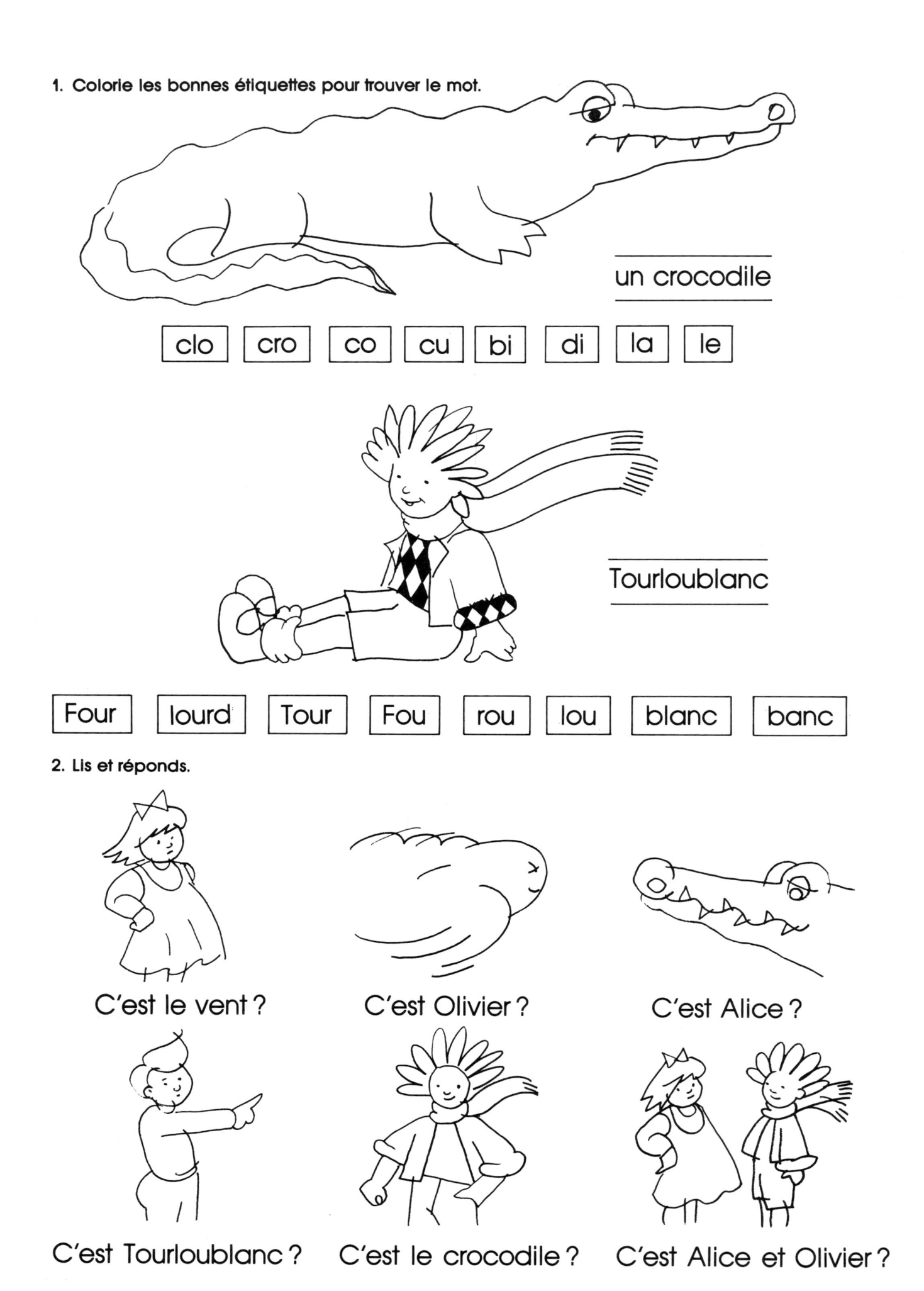

3. Complète et colorie les ballons.

4. Complète et colorie.

5. Continue.

6. Dessine les roues.

7

1. Colorie quand tu entends « a ».

2. Entoure quand tu entends « a ».

| Alice | va | pays | animaux | appelle | il y a |

| Tourloublanc | au | a | Alice | montagne |

3. Entoure les « a ».

4. Continue.

a a

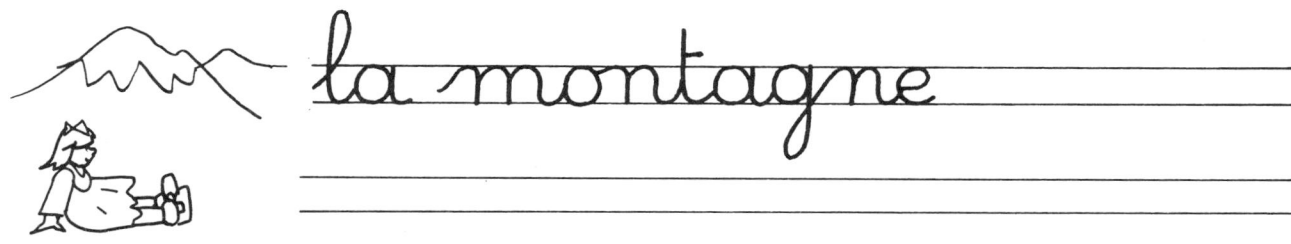

la montagne

5. Au pays des couleurs. Colorie ● en bleu,   + en jaune.
▲ en vert,   Laisse « a » blanc.

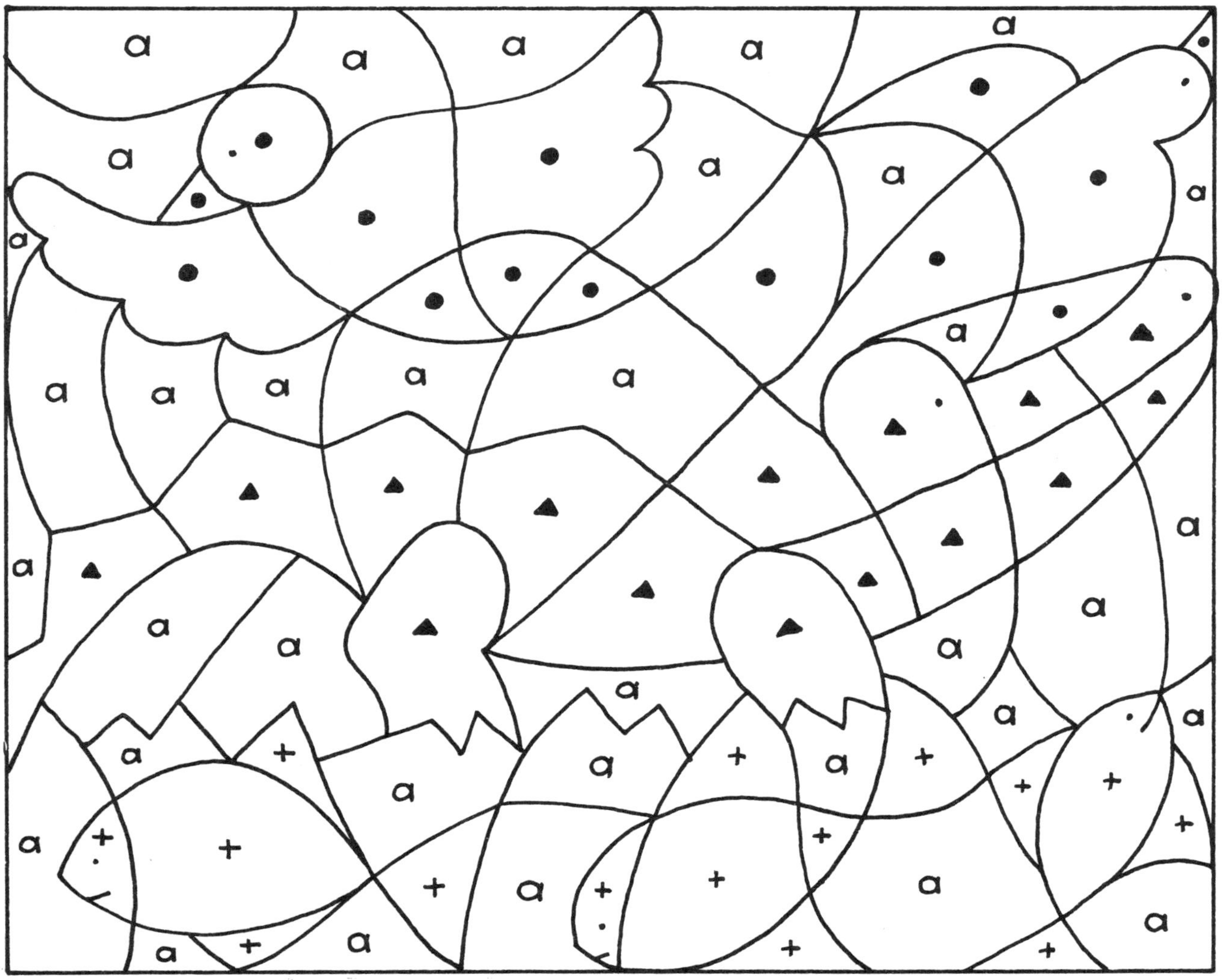

1. Lis et réponds.

C'est une souris ?   C'est le crocodile ?   C'est Olivier ?

C'est Alice ?   C'est un village ?   C'est une petite souris ?

2. « a » ou « i » ?

dans le pet..t pays,
il y a un pet..t vill..ge,
un pet..t crocod..le,
et une pet..te sour..s,
oui, ou.. , ou.. .

3. Entoure les « i » et les « I » en bleu, les « a » et les « A » en vert.

4. Continue.

i i

5. Avec les étiquettes, écris ce que tu vois.

6. Écris et dessine.

la souris

7. Lis et dessine.

un petit village

11

1. Colorie quand tu entends « o ».

2. Écris dans la maison les mots où tu entends « o ».

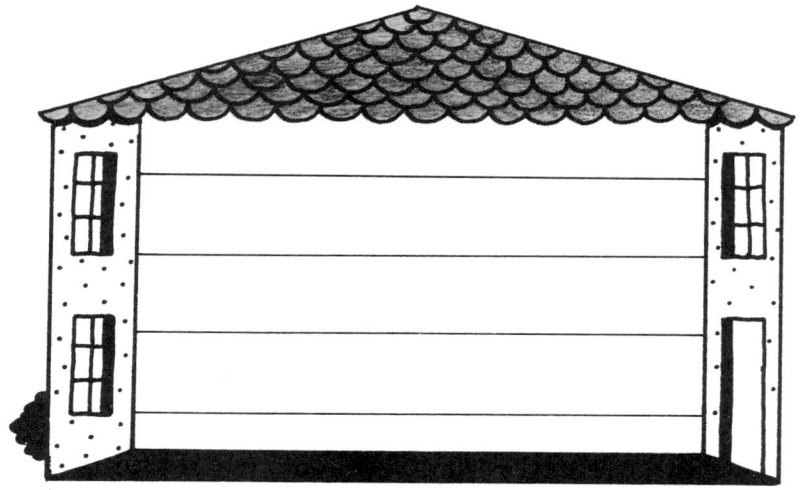

Olivier non
vole crocodile
souris stylo
noir couleur

3. Relie.

l'oiseau le stylo la souris le crocodile

4. Continue.

5. Avec les étiquettes, écris ce que tu vois.

6. Complète avec « a » ou « o ». Lis et réponds.

C'est un styl.. ?

Il v..le le styl..?

Il est dans l'..rbre ?

C'est le cr..c..dile ?

13

1. Lis et entoure « u » quand tu l'entends.

   Avec la plume verte   une souris verte

   le petit crocodile dessine   et une lune verte.

2. Dessine ce que tu as lu.

3. Entoure en vert tous les « u ».

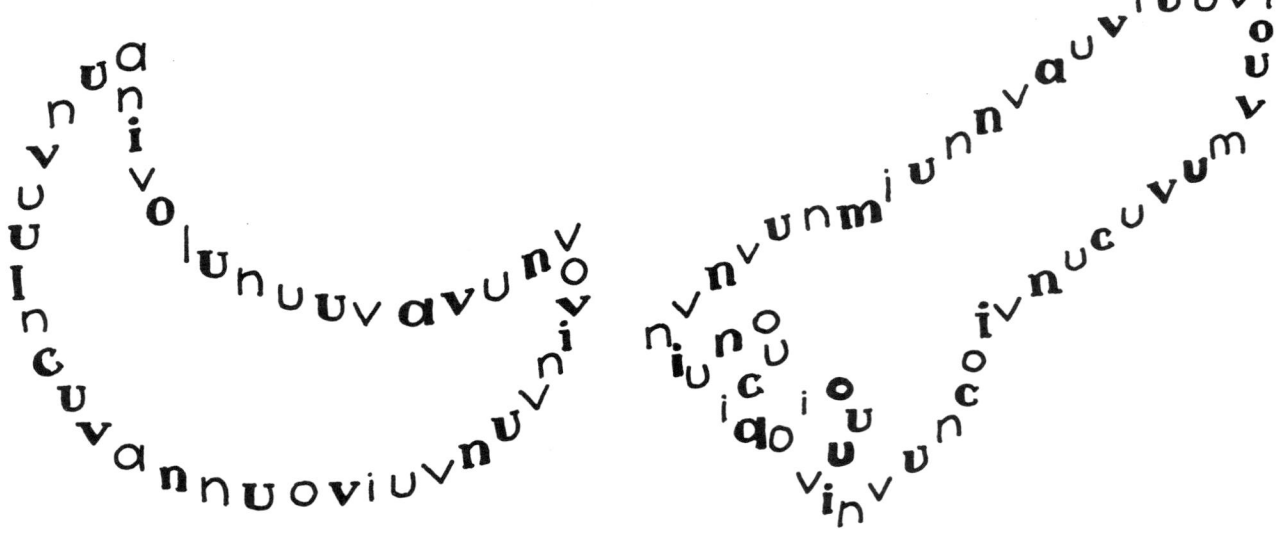

4. Relie.

| un | une plume | la lune | il dessine |

14 (A.6)

5. Complète.

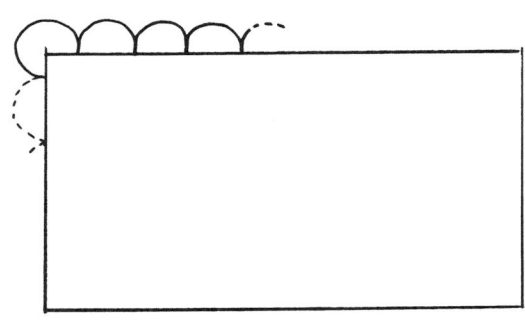
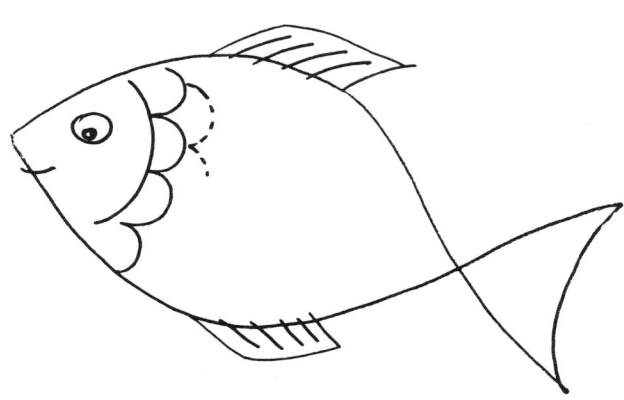

6. Continue.

u u

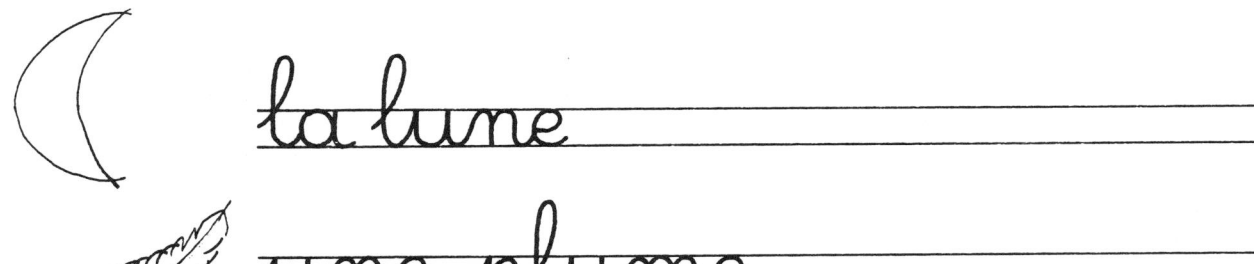

la lune

une plume

7. Avec les étiquettes, écris ce que tu vois.

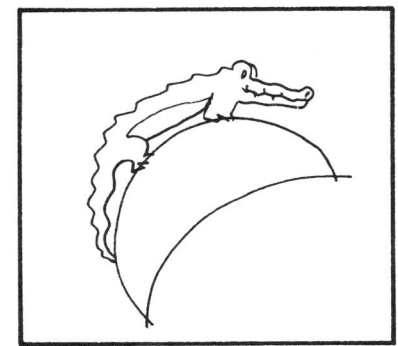

15

1. Entoure les « e ».

   Sur la montagne il y a un petit village.

   Tourloublanc revient au village. Il a toutes les couleurs.

2. Dessine l'histoire que tu as lue.

3. « le » ou « la » ?

   .... village
   .... pays
   .... souris
   .... stylo

   .... plume
   .... crocodile
   .... jaune
   .... montagne

4. Qu'est-ce qu'ils disent ? Relie.

Je veux le bleu !

Je veux le stylo !

Je veux le jaune !

Je veux toutes les couleurs !

5. Continue.

e é

 *il revient*

la petite plume

6. L'oiseau noir a volé les lettres...

un styl...

un vill...ge

p..tit   la pl...me   une sour...s

un croc..d..le   Al..c...

7. Avec les étiquettes, écris ce que tu vois.

17

1. Fais une croix dans la bonne case quand tu entends « u », « o », « ou ».

u								
o								
ou								

2. Lis et réponds.

Où est le tambour ?

Où est la souris ?

La souris joue du tambour ?

3. Entoure les « ou » en bleu.

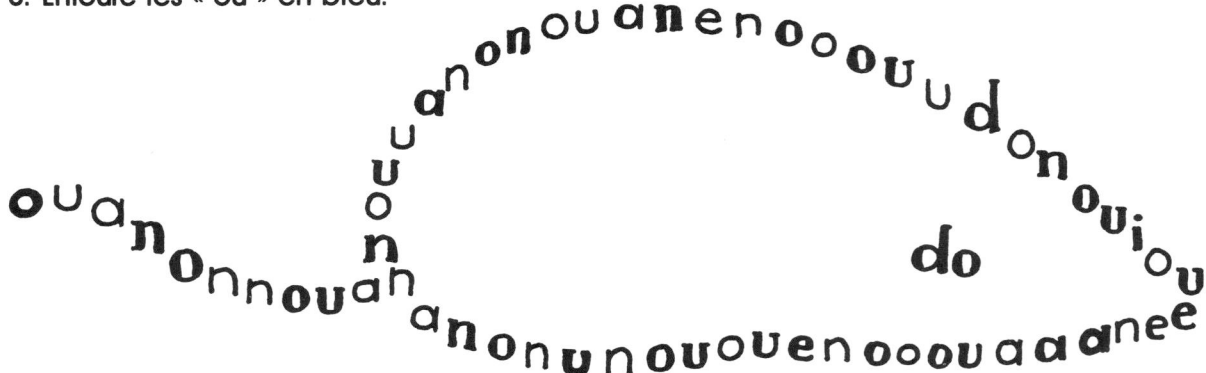

4. Entoure « ou ».

Une souris bleue joue avec un ballon rouge.

Où est Loulou ? Il joue avec tous les animaux.

5. Continue.

ou ou

6. Qu'est-ce qu'il dit ? Écris la phrase.

7. Lis et dessine. un tambour de toutes les couleurs

19

1. Fais une croix dans la case quand tu entends « r ».

le robinet	
écoute	
la souris	
parler	

la maison	
chanter	
le tambour	
vert	

2. Colorie quand tu entends « r ». Puis, écris les mots.

3. Lis et souligne les mots où tu entends « r ».
Avec ces mots, complète ce que dit Alice.

Arrête de chanter Alice!
Je veux écouter la radio!

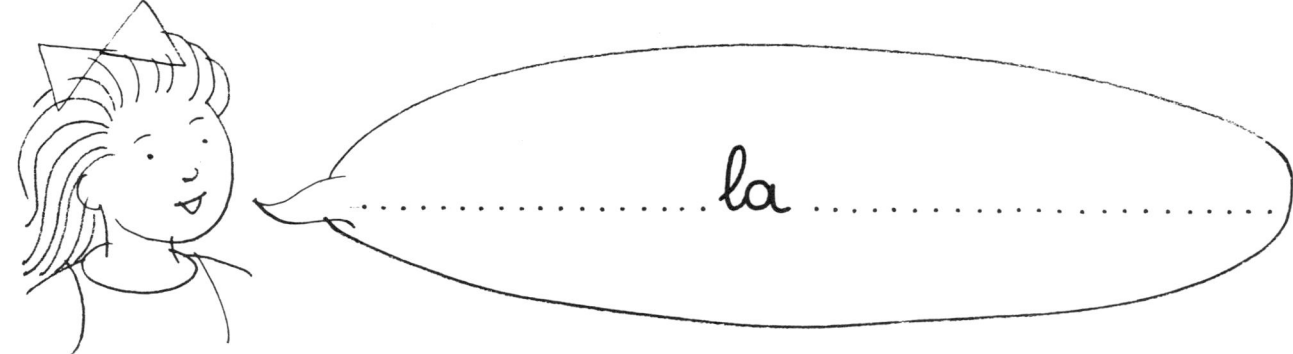

20 (B.2)

4. Continue.

5. Écris ce que c'est.

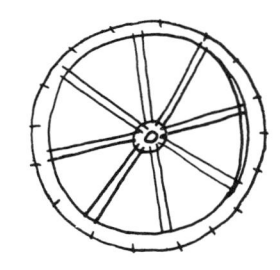
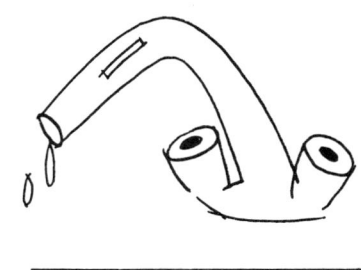

6. Lis et raconte la suite de l'histoire.

L'oiseau noir est dans la rue...

7. Complète.

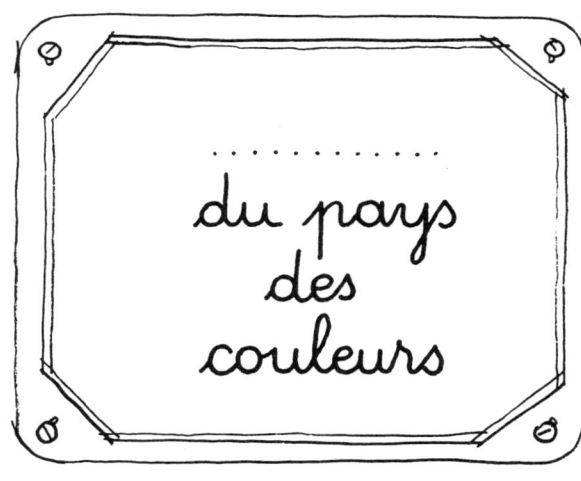

.... du pays des couleurs

.... du pays blanc

1. Le vent a emporté les accents. Remets-les.

   Nicolas est a l'ecole.

   Pauline est a la maison.

   Elle ecoute la radio.

   Mais grand-mere prefere jouer du piano.

   « Pauline ! Arrete la radio ! »

2. Complète.

«Aïe, ma tête!» dit la grand-mère.
«Arrêt... de chante...
Arrêt... de parle...
Arrêt... de joue... !»

3. Remets les ballons dans l'ordre.

4. Les plumes de l'oiseau sont des accents (´ ` ^) de toutes les couleurs.

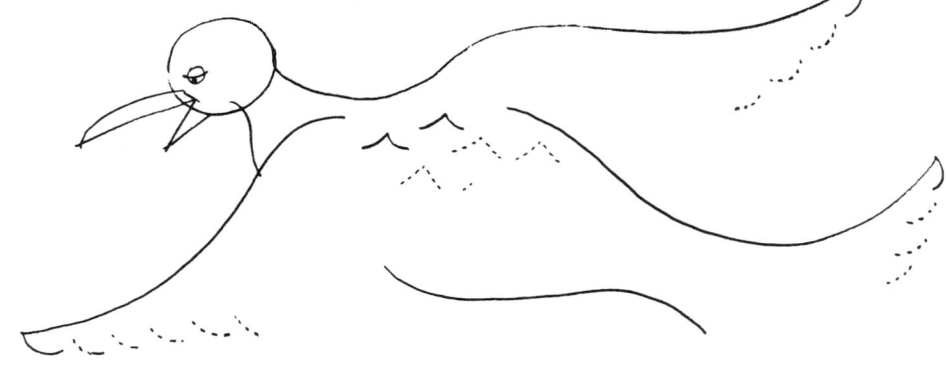

22 (B.3)

5. Continue.

é   è   ê

er   ez

6. Qu'est-ce qu'il dit ?

7. Remets dans l'ordre.

| Nicolas | au | ballon | joue |

| la | radio | écoute | la | grand-mère |

8. Complète.

Le petit crocodile est .... l'école.
Il n'écoute .... la grand- .... souris.
Il préfère parler .... le rat.
Il préfère .... avec l'oiseau.
« Arrêtez ! » .... la souris.

23

1. Entoure les mots avec « l » et lis l'histoire.

« Écoute ! C'est la souris ! » dit Alice.

« Non, c'est le loup » dit Olivier.

Alice appelle la grand-mère.

La grand-mère rit et dit :

« Écoutez ! C'est le vent ! »

2. Lis et remets les images dans l'ordre.

3. « le », « la » ou « l' » ?

.... loup   .... lit   .... plume
.... école   .... lune   .... oiseau
.... maison   .... école   .... île
.... vent   .... tête   .... souris

24 (B.4)

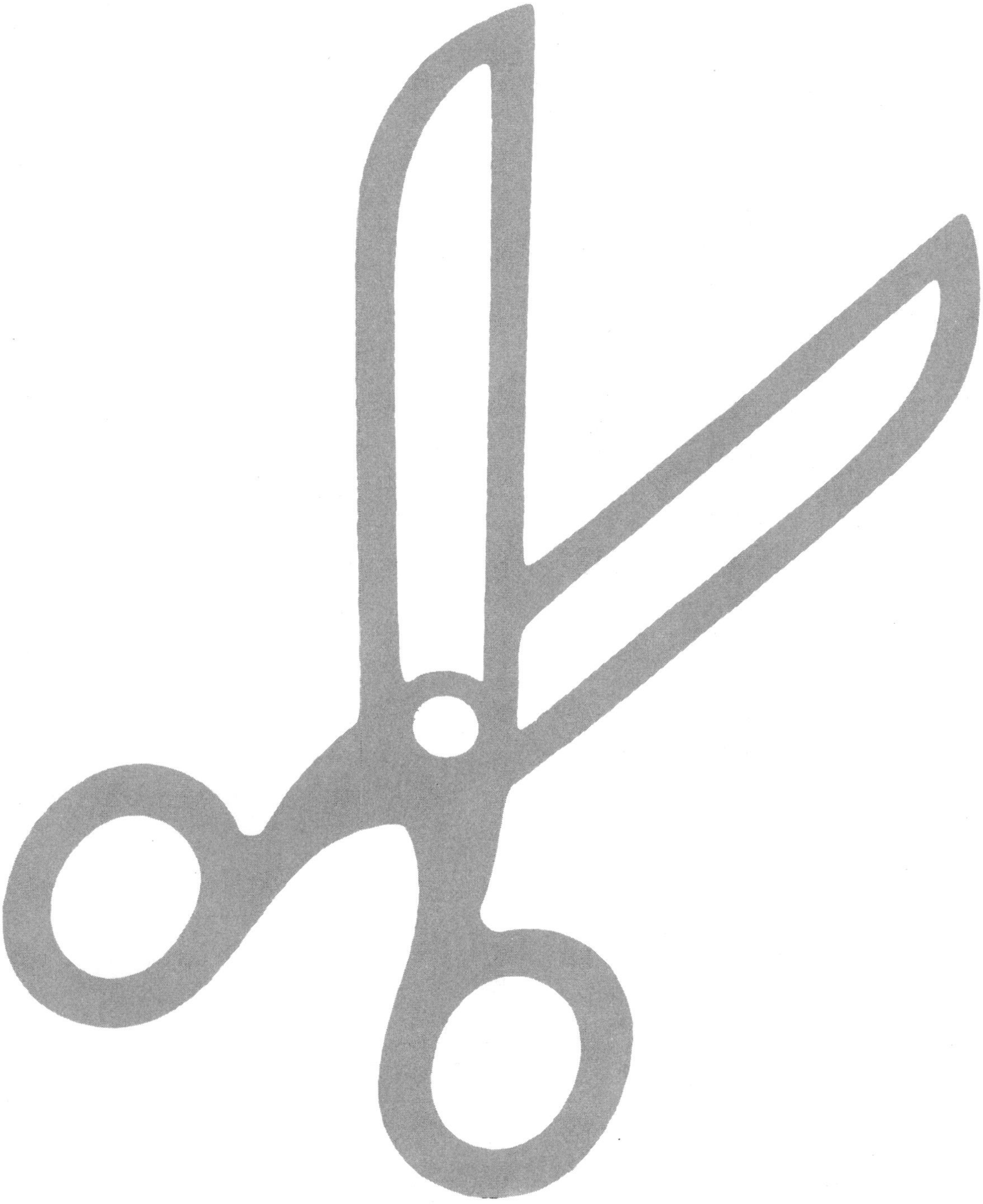

| Tourloublanc | Alice | Olivier | c'est | le | crocodile |

(A1)

| vent | appelle | viens | un | non |

(A2)

| au | pays | des | couleurs | il y a | animaux | va | des |

(A3)

| une | souris | village | grand | grande | petit | petite |
| dans | oui | la |

(A4)

| l' | oiseau | noir | vole | les | stylo | vite | d' | il |

(A5)

| j'ai | plume | verte | vert | lune | sur | avec | a |
| dessine |

(A6)

| je | veux | jaune | revient | blanc | bleu | bleue |
| de | elle | toutes |

(A7)

| maison | Nicolas | on | joue | du | tambour | où |
| écoute | est |

(B1)

| Pauline | robinet | s'arrête | chanter | de | radio |
| parler | chante | parle |

(B2)

| préfère | jouer | ballon | ma | tête | écouter |
| dessiner | mère | grand-mère | école |

(B3)

| piano | malade | docteur | Pipo | le |

(B4)

| qui | pleure | bébé | c'est | poupée | ne | n' | pas |

(B5)

ils	elles	descendent	portent	difficile	chantent

dessinent

(B6)

maman	milieu	salon

(B7)

Lucie	es	couchée	couché	nuits	M. Lampion	tu

(C1)

cherche	ville	marché	marchand	marchande

dit	chapeaux

(C2)

Oribilis	regarde	sa	tête	emmène

(C3)

méchant	il faut	il ne faut pas	chez

(C4)

quatre	heures	clé	cachée	caché	placard

est-ce que	est-ce qu'	qu'est-ce que	qu'est-ce qu'

(C5)

attention	bouge	regardez

(C6)

habite	montagne

(C7)

le	la	les	un	une	des	et	de	du	d'	c'est
est	a	je	il	elle	ne	n'	pas	il y a	avec	j'
le	la	les	un	une	des	et	de	du	d'	c'est
est	a	je	il	elle	ne	n'	pas	il y a	avec	j'

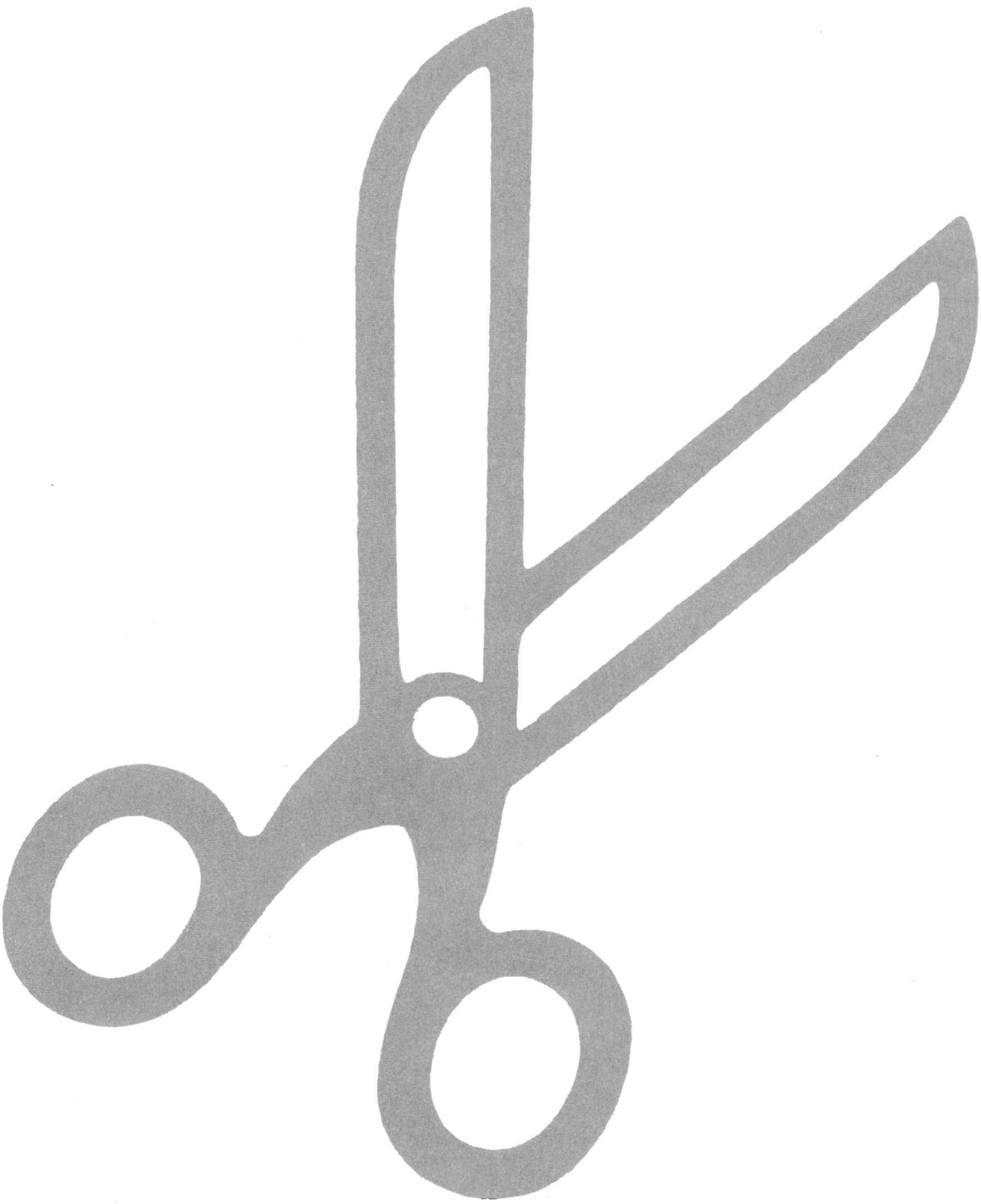

4. Continue.

ℓ

5. Le mystère.   Écris les mots correspondant aux dessins. Avec la première lettre de chaque mot, écris la question. Réponds à la question.

réponse:

1. « b » ou « p » ?

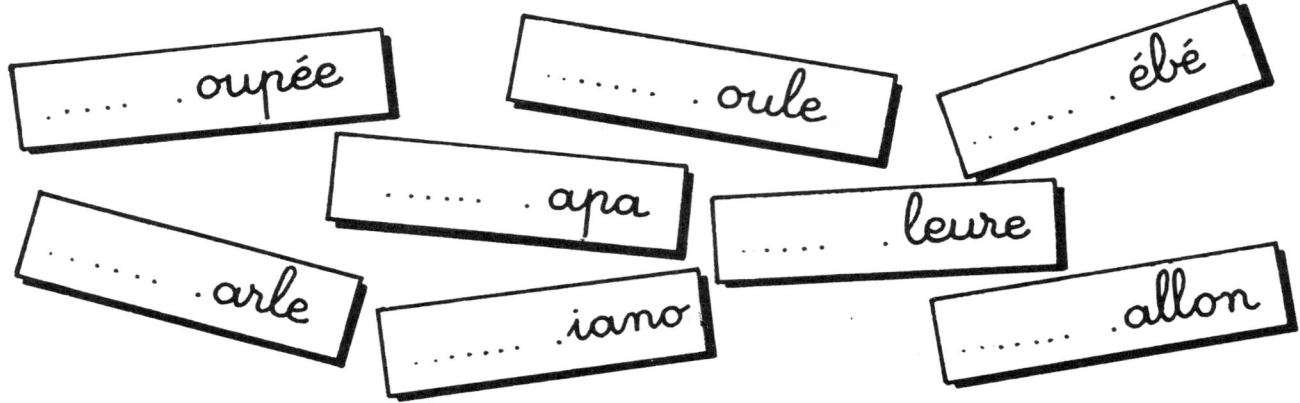

2. Écris la première lettre. Puis, ajoute « le », « la », « il » ou « elle ».

..... oupée
..... oule
..... ébé
..... apa
..... leure
..... arle
..... iano
..... allon

3. Remets dans l'ordre.

| belle | a | Pauline | robe | une |

| la | poupée | à | Pauline | va | de | fête | la |

4. Complète avec « ne » ou « n' » et « pas ».

je ..... veux ..... jouer.
je ..... ai ..... de robe.
il ..... va ..... au pays des couleurs.
ce ..... est ..... le piano d'Alice.
il ..... a ..... de plumes.

26 (B.5)

5. Continue.

6. Complète.

le bébé

la poupée parle à

1. Dans le tapis, entoure les « b » en bleu, les « t » en vert
les « p » en rouge, et les « d » en jaune.

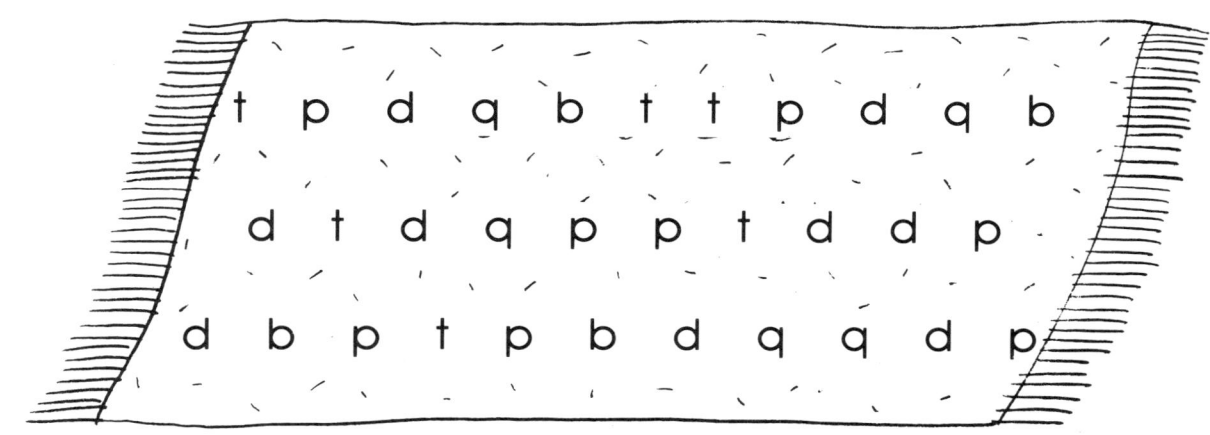

2. Ajoute la première lettre. Puis, écris « le », « la », « il » ou « elle ».

..... .apis   ..... .ête   ..... .essine

..... .os   ..... .it   ..... .escend

3. Réponds « oui » ou « non ».

Dora va avec Dédé.	
Sur la route il y a une souris.	
Dédé a mal à la tête.	
Dédé appelle Tourloublanc.	
Le docteur Pipo répare l'auto.	
Dédé et Dora tirent l'auto.	

4. Termine les mots.

La radio chant....   Alice et Olivier chant.....
Alice et Olivier répar..... le vélo.
Alice jou... du piano.   Pipo répar... le piano.
Ils port.... le piano.   Elle port... le tapis.
Il écout... la radio.   Elles vol..... le tambour.

28 (B.6)

5. Continue.

d   t

6. Qu'est-ce qu'ils font ?

   ils .... l'auto

   ils .... l'auto

   ils .... l'auto

7. Qu'est-ce qu'ils disent ?

8. Complète.

Dédé a une belle .... Il va ....
« Aïe, ma .... » dit Dédé.
« Aïe, ma .... » dit l'auto.
« Aïe, ma .... » dit le crocodile.

29

1. « m » ou « n » ? Relie.

2. Entoure « n » quand tu l'entends.

        Dédé a une moto et une auto noire.

        Nicolas et Pauline jouent du piano.

        Sur la lune jaune, il y a un crocodile.

        Il dessine avec une plume.

        Dans la maison de Nicolas on joue du piano.

3. « un » ou « une » ?

..... pomme ...... malle ..... ami ..... plume
..... nez ...... mère ..... oiseau ..... piano

4. Remets dans l'ordre.

| Tourloublanc | milieu | est | des | animaux | au |

_____

| donne | Olivier | une | plume | à | jaune | Tourloublanc |

_____

5. Continue.

6. Complète.

Papa et .... portent le .... au grenier.
Mais le piano pleure.

Alors, tous les .... du piano descendent le piano.
Le piano est au .... du salon.

7. Que font-ils ?

8. Qu'est-ce qu'il y a dans la malle ?

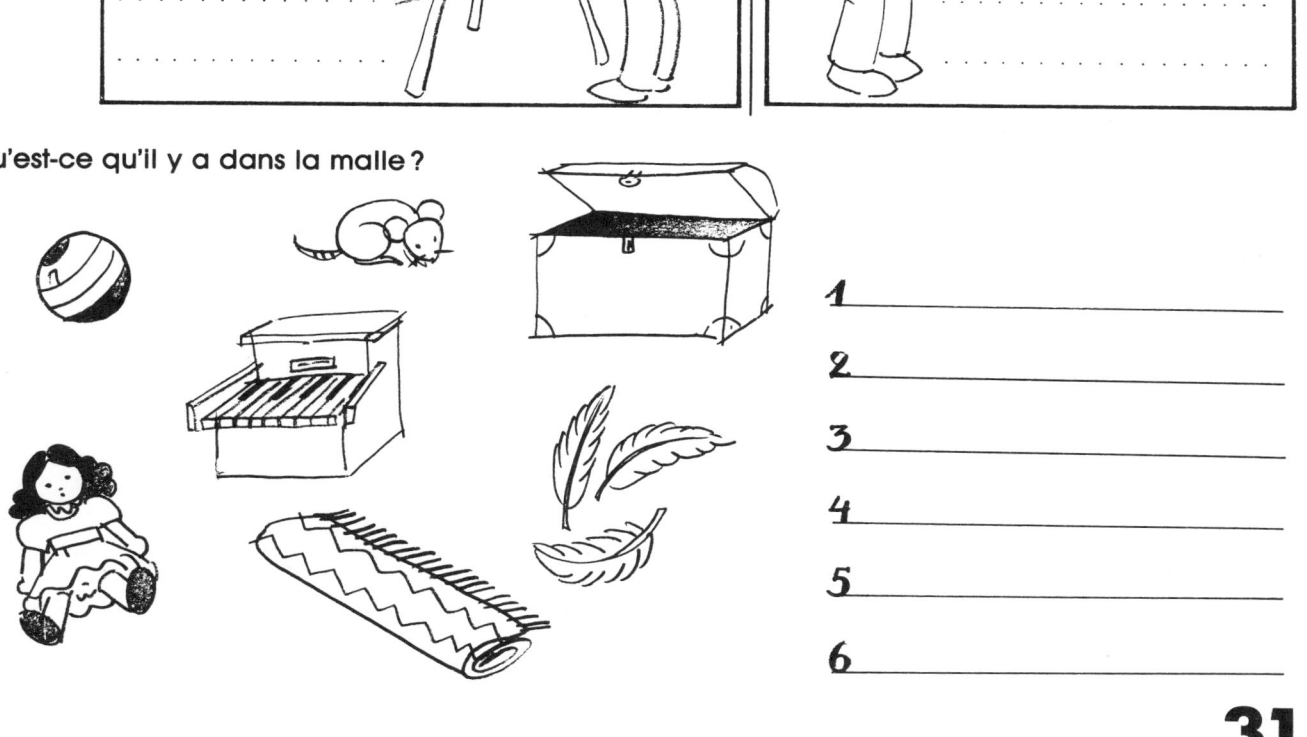

1 _____
2 _____
3 _____
4 _____
5 _____
6 _____

31

1. Fais une croix dans la bonne case.

le coucou		
le cinéma		
l'école		
le crocodile		
il coupe		
c'est difficile		
la cabane		
Alice		

2. Écris la syllabe commune dans le cœur de la fleur.

3. Lis et dessine.   L'école est à côté du cinéma.

4. Continue.

C c

5. Complète avec le mot qui convient.

Nicolas .... sur la route
Alice .... la radio
Nicolas .... les bananes
Il est malade. Il est ....

| coupe |
| couché |
| court |
| écoute |

6. Qu'est-ce qu'ils disent ?

c'est l'école ?

coucou ! coucou !

7. Relie.

Olivier fait   Lucie
Alice coupe   le tapis
Papa porte   une cabane
Maman appelle   une pomme

33

1. Mets dans le chapeau quand tu entends « ch ».   Mets dans le vase quand tu entends « v ».

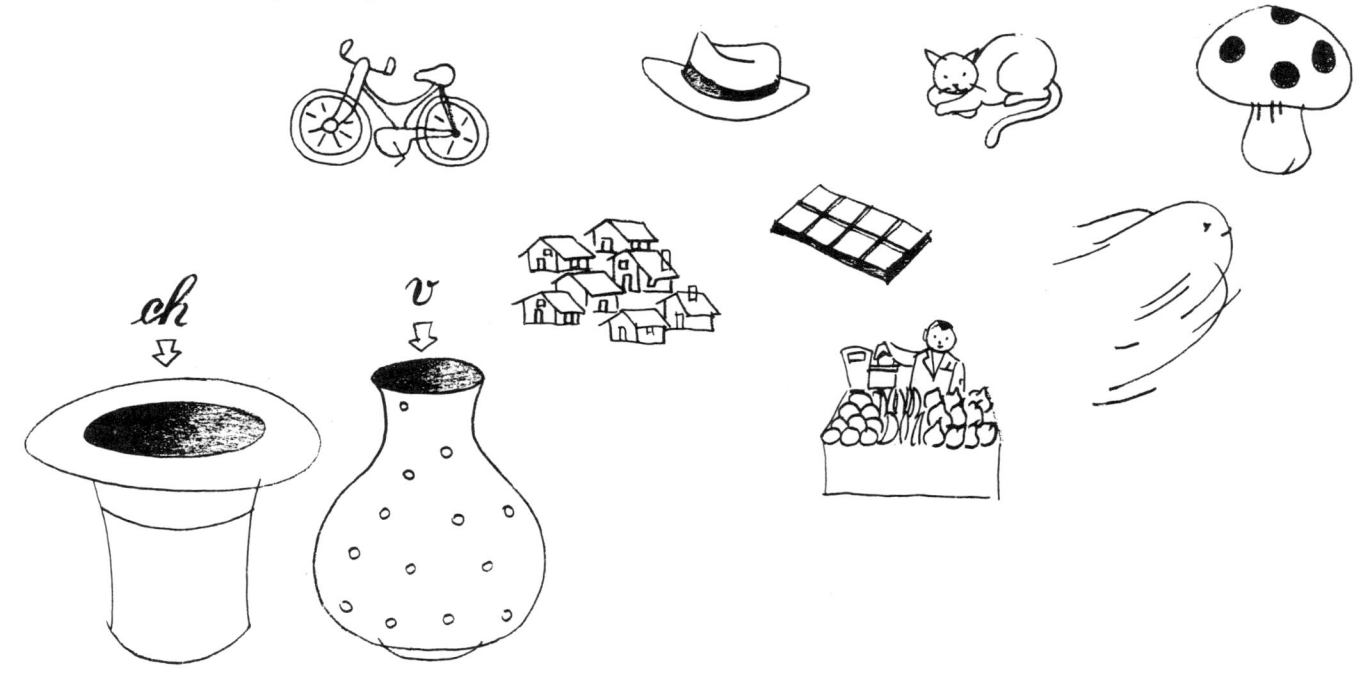

2. Entoure en vert les mots avec « v », en noir les mots avec « ch ».

   Olivier va au marché de la ville avec Alice.

   Au marché il y a le marchand de chapeaux, le marchand de vélos,

   le marchand d'animaux.

   Alice achète un petit chat au marchand d'animaux.

   Olivier n'est pas riche. Il achète du chocolat.

3. Termine les mots avec « ez » ou « ent ».

   Vous voul… un chat ?   Vous rêv….

   Ils cour…… sur la route du village.

   Vous ven… au cinéma ?

   Alice et Olivier chant……

   Elles cherch…. le cinéma.

4. Remets dans l'ordre.

   | marchand | Lucie | le | cherche | chapeaux | de |

5. Continue.

ch

6. Complète. Que veulent Pauline et Nicolas ?

chapeaux

je veux

je veux

7. Réponds.

Où va l'âne de Tilico ?

Que fait Tilico ?

35

1. Fais une croix dans la bonne case.

	🌹	🐦
samedi		
la tasse		
la maison		
tissu		
un oiseau		
vous allez		
il dessine		
le salon		

2. Complète avec « s » ou « ss ».

Alice est dans le ..alon. Elle de...ine un oi..eau.
Maman fait une robe avec du ti....u jaune.
Où est la ..ouris? Elle est dans la ta....e.
« Oh! La belle ...alade! » dit l'oi..eau noir.

3. Complète avec « un », « une » ou « des ».

..... salade ..... villages ..... chat ..... chats ..... robinet
..... village ..... poupée ..... tambours ..... poupées

4. Complète avec « sur », « sous » ou « dans ».

le lit est ...... la maison.
la souris est ...... le lit.
le chapeau est ...... sa tête.
Nicolas est ...... sa cabane.
le bébé est ...... le tapis.

5. Continue.

➚ ➚

il est assis

6. Nicolas cherche son livre. Aide-le à le trouver. Écris les mots correspondant aux dessins.

Avec la première lettre de chaque mot complète les cases.

7. Complète.

Alice fait une robe avec ....
Olivier fait une cabane avec ....
Tourloublanc dessine un oiseau avec ....

37

1. Réponds « oui » ou « non ».

Chez Oribilis on parle, on chante, on joue.	
Oribilis emmène Lucie dans la forêt.	
Lucie va avec Oribilis.	
Petite Lune va à la ville.	
Hibou Noir a une maison dans la forêt.	
Petite Lune fait un grand feu.	

2. Écris la première lettre. Puis, ajoute « un », « une », « il » ou « elle ».

...... .orêt   ...... .us de pomme   ..... .eu

...... .oue   ...... .enêtre   ..... .olie robe.

3. Complète avec « le », « la » ou « les ».

.... fumée   ..... fêtes   ..... cabane   ..... jolis vélos

..... chemises   ..... maisons   ..... feu   ..... jolie robe

4. Regarde les dessins et complète.

Un jour les 🐭🐭🐭 .... font un grand 🔥 ....

dans la 🌳 ....

Elles 📦🐭 ....

Mais le 🐱 .... arrive. La fête est finie !

5. Remets dans l'ordre.

| Lucie | à | l'école | ne | pas | va |

_____

| Oribilis | chez | faut | il | ne | pas | chanter |

_____

38 (C.4)

6. Continue.

7. Qu'est-ce qu'il faut faire ?

8. Qu'est-ce qu'ils disent ?

39

1. **Fais ou mime ce qui est écrit.**

　　1 - Regarde la fenêtre.　　5 - Pleure.
　　2 - Ris.　　6 - Porte le piano.
　　3 - Appelle Tourloublanc.　　7 - Tire l'auto.
　　4 - Dessine une ficelle.　　8 - Joue du tambour.

2. **Relie les questions et les réponses.**

- Qui est-ce ?
- Qu'est-ce que tu fais ?
- Est-ce que la clé est dans le placard ?
- Qu'est-ce que c'est ?

- Non, elle est sur le placard
- C'est un stylo
- Je fais une robe
- C'est M. Lampion

3. **Écris les questions « Qui est-ce ? » ou « Qu'est-ce que c'est ? ».**

....	C'est un crocodile.
....	C'est Oribilis.
....	C'est le père de Nicolas.
....	C'est une souris.

4. Continue.

q　　　　　　　qu

5. Écris leur question.

Devine!

C'est Pauline

6. Continue d'après le modèle.

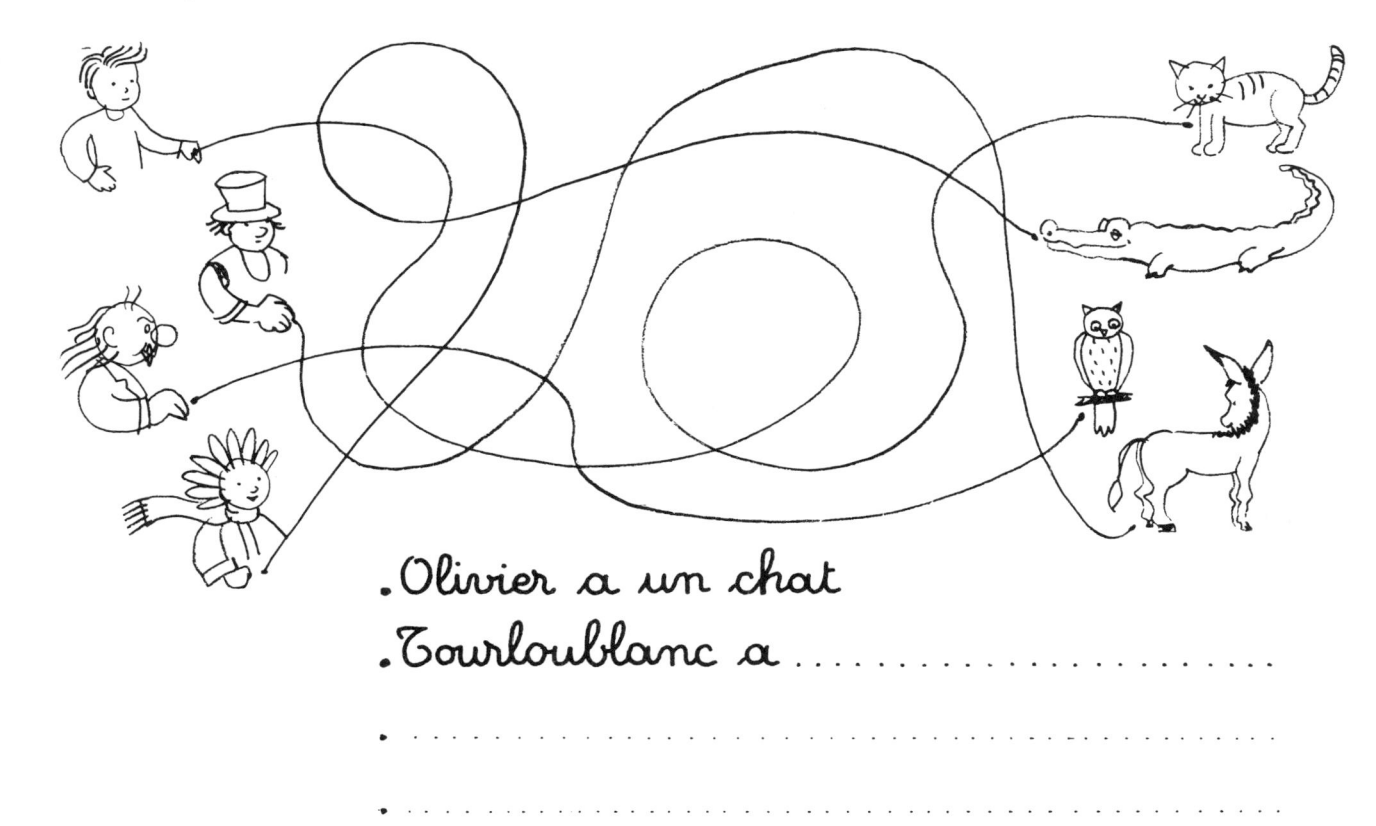

. Olivier a un chat
. Tourloublanc a ....

41

1. Fais une croix dans la bonne case.

	🌬️🔔	🖼️
la gare		
une image		
une bougie		
elle est longue		
des légumes		
une bague		
il bouge		
le grenier		

2. Entoure « j » ou « g » en rouge quand tu entends « j ».
   Entoure « g » ou « gu » en bleu quand tu entends « gu ».

Alice a une jolie bague jaune. Olivier veut la bague.

Il dit à Alice : « Donne-moi ta bague et je te donne quatre images ».

« Non, je ne veux pas » dit Alice.

« Je te donne mon ballon rouge ! »

« Non, je ne veux pas ! ».

Et Alice va cacher sa bague dans le grenier.

3. Complète avec « g » ou « gu ».

la ...are   la ba....e   une ..outte
la route est lon...e   le lé..ume   une ..êpe

4. Complète avec « j » ou « g ».

il bou...e   c'est ..oli   une ima...e
il ...oue   c'est ..aune   la bou..ie

42 (C.6)

5. Continue.

gu   gu

6. Le voyage de Lucie. Mets les indications.

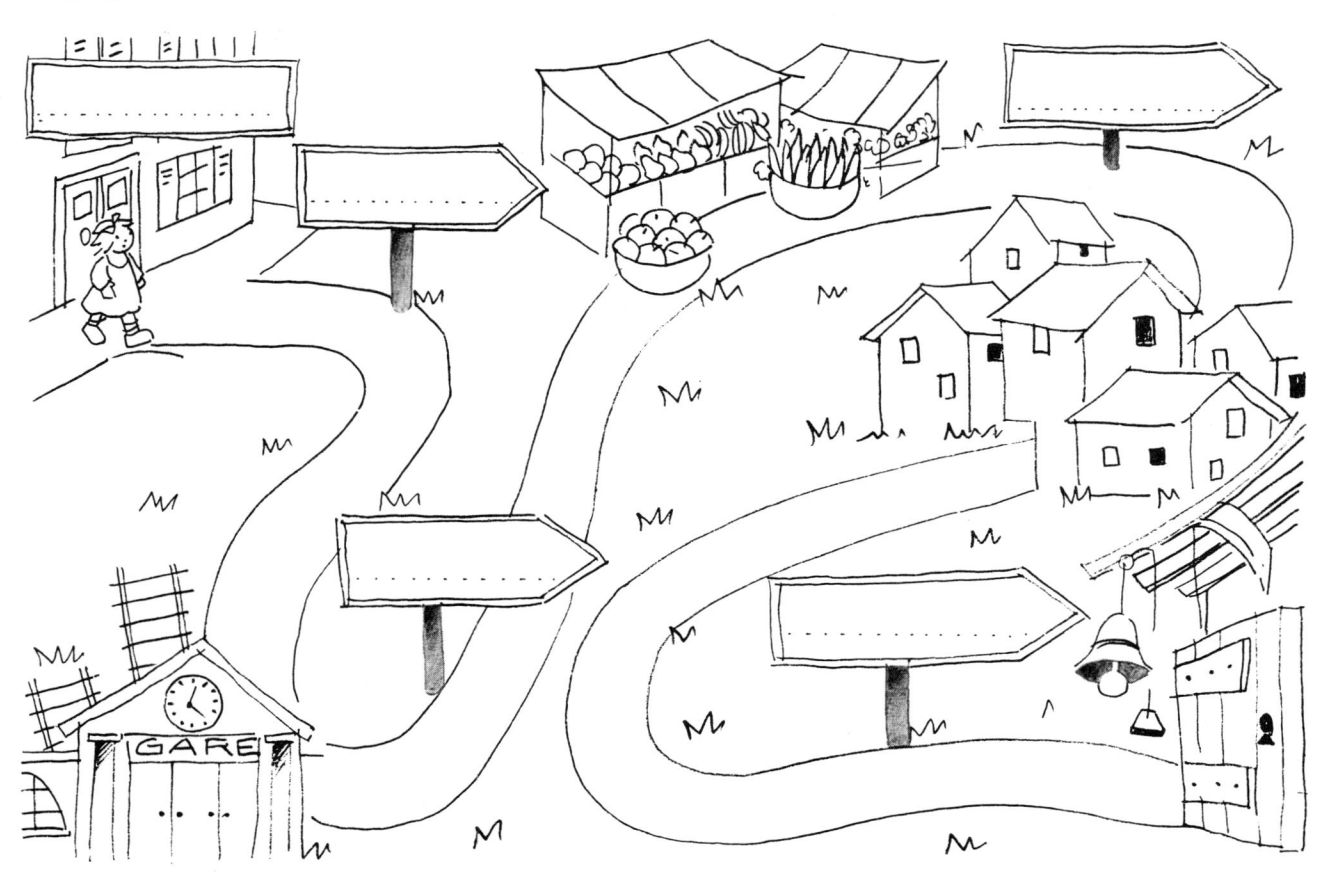

7. Lis la page 43 du livret de lecture et réponds.

· Où va le petit chaperon rouge ?

· Qui est dans le lit de la grand-mère ?

· Où est la grand-mère ?

1. Entoure « ch » en vert et « h » seul en rouge.

L'habit Oribilis a la couleur du chocolat.

Le hibou dit au coucou :

« Il est quatre heures. C'est l'heure de chanter ! »

Alice écoute l'histoire du Petit Chaperon Rouge.

Lucie cherche Monsieur Lampion. Il habite dans la montagne.

2. Relie et écris des phrases selon le modèle.

Alice habite dans la maison.

3. Fais ou mime ce qui est écrit.

1 - Pédale.

2 - Lis un livre.

3 - Bouge la tête.

4 - Dessine un chapeau.

5 - Lave ta chemise.

6 - Vole comme un oiseau.

7 - Cache un stylo.

8 - Chante la chanson de Pauline.

4. Continue.

h

5. L'histoire de Lucie. Écris ce qu'ils disent. Remets les images dans l'ordre.

1. Qu'est-ce qu'on trouve dans la maison ?

le placard   le village
la guêpe   la tasse
le village   la bougie
le robinet   le pot
le marché   le cinéma

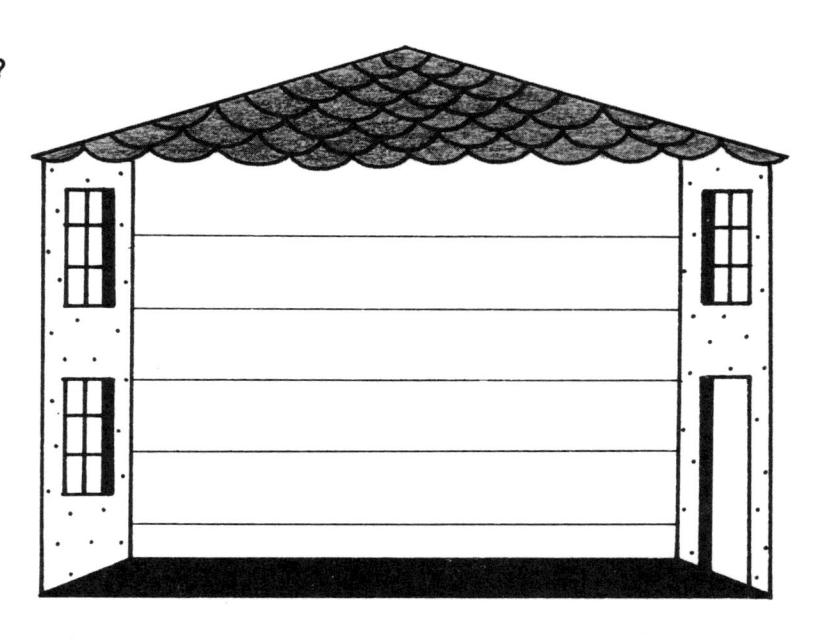

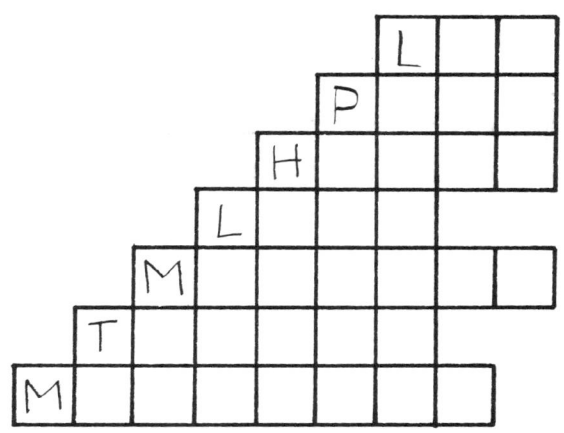

LOUP   MACHINE
    LIT
PAPA   MONTAGNE
HOMME   TILICO

3.

Coche ce que tu as.	
Un lit	
un crocodile	
une poupée	
une moto	
un stylo	
un chat	
une radio	
une bague	
un loup	
un vélo	
un hibou	

Coche ce que tu peux faire	
lire	
chanter	
pédaler	
avaler un crocodile	
jouer du piano	
attraper un oiseau	
porter une malle	
dessiner une souris	

46

4. Voici tous tes amis. Écris leur nom. Qu'est-ce qu'ils disent?

N° d'Éditeur : 10002856 VI (43) — Dépôt légal : février 1991
Imprimé en France par Pollina, 85400 Luçon - n° 13446